AF313325

4 4   Chambre des Commissaires-Priseurs
Envoi à la Bibliothèque Nationale.

1900 - Mars. 13

VENTE

Des Mardi 13 et Mercredi 14 Mars 1900

A 2 heures de relevée

HOTEL DES VENTES MOBILIÈRES, RUE DROUOT, 9 — SALLE N° 10

— ❊ —

TABLEAUX MODERNES

AQUARELLES & DESSINS

Curiosités, Objets d'Art, Porcelaines de Saxe et de Mayence

FAIENCES ITALIENNES

OBJETS DE VITRINE, BRONZES

— ⟶⊱✦⊰ —

EXPOSITION PUBLIQUE

Le Lundi 12 Mars 1900, de 2 heures à 6 heures

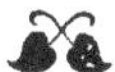

COMMISSAIRE-PRISEUR

Mᵉ H. BRICOUT, *Rue Sainte-Cécile, 10*

EXPERTS

Pour les Tableaux :	*Pour les Curiosités et Objets d'Art*
M. H. BRAME	**M. B. LASQUIN**
Rue Laffitte, 2	Rue Laffitte, 12

— ❈ —

PARIS — 1900

IMPRIMERIE MAULDE ET RENOU

———

MAULDE, DOUMENC & Cie
IMPRIMEURS DE LA COMPAGNIE DES COMMISSAIRES-PRISEURS

Rue de Rivoli. 144

Étude de **Mᵉ H. BRICOUT**, *Commissaire-Priseur,*
Rue Sainte-Cécile, 10.

CATALOGUE

DE

TABLEAUX MODERNES

Aquarelles et Dessins

Curiosités, Objets d'Art

Porcelaines de Saxe et de Mayence, Faïences Italiennes

OBJETS DE VITRINE — BRONZES

DONT LA VENTE AURA LIEU

Hôtel des Ventes Mobilières, Rue Drouot, 9 — Salle nᵒ 10

Les Mardi 13 et Mercredi 14 Mars 1900

A 2 heures de relevée

PAR LE MINISTÈRE DE

Mᵉ H. BRICOUT, *Commissaire-Priseur*

Rue Sainte-Cécile, 10

EXPERTS

Pour les Tableaux :	*Pour les Curiosités et Objets d'Art :*
M. H. BRAME	**M. B. LASQUIN**
Rue Laffitte, 2	Rue Laffitte, 12

EXPOSITION PUBLIQUE

Le Lundi 12 Mars 1900, de 2 heures à 6 heures

PARIS — 1900

CONDITIONS DE LA VENTE

Elle se fera expressément au comptant.

Les acquéreurs paieront **cinq pour cent** en sus des adjudications.

L'exposition mettant le public à même de se rendre compte de l'état et de la valeur des objets, il ne sera admis aucune réclamation une fois l'adjudication prononcée.

ORDRE DES VACATIONS

Mardi 13 Mars 1900

TABLEAUX, AQUARELLES ET DESSINS

Mercredi 14 Mars

CURIOSITÉS, OBJETS D'ART

MAULDE, DOUMENC et Cᶦᵉ, imp. de la Cᶦᵉ des Commissaires-Priseurs, rue de Rivoli, 144.   3oo—87412

DÉSIGNATION

—

TABLEAUX

ANTIGNA

1 — Fleurs.

BARRY (François)

2 — Vue d'Égypte.

$$H.\ 0^m17;\ L.\ 0^m30.$$

BEAUVERIE

3 — Bords de rivière.

$$H.\ 0^m50;\ L.\ 0^m80$$

BERGENT

4 — Pêches.

$$H.\ 0^m32;\ L.\ 0^m40.$$

BOGGS

5 — Notre Dame.

Effet du soir.

H. 0^m38; L. 0^m55.

6 — La Tamise.

H. 0^m32; L. 0^m46.

7 — Grand Camp.

H. 0^m35; L. 27.

BOMPARD (Maurice)

8 — Intérieur de Harem.

H. 0^m35; L. 0^m27.

BONNIN

9 — La Prière.

H. 0^m32; L. 0^m42.

CHARLEMONT (Ed.)

10 — Arabe en faction.

H. 1^m50; L. 1^m00.

CHARLET

11 — L'Invalide de Fontenoy.

H. 0^m41; L. 0^m32.

DAUBIGNY (E.) (Atttribué à)

12 — Coquelicots (Étude).

H. 0^m35; L. 0^m58.

DUPRÉ (Victor)

13 — L'Abreuvoir.

H 0ᵐ29; L. 0ᵐ21.

FRANÇAIS

14 — Bord de rivière.

H. 0ᵐ32 ; L. 0ᵐ24.

GORGUET

15 — Au Restaurant.

ISABEY (Eug.)

16 — Cour de Ferme.

H. 0ᵐ32 ; L. 0ᵐ46.

LAGRENÉE

17 — L'Invention du dessin.

H. 0ᵐ70 ; L. 0ᵐ60.

LAURENS (J.-P.)

18 — Évêque.

H. 0ᵐ40; L. 0ᵐ27.

MONTICELLI

19 — Personnages et chiens.

H. 0ᵐ18 ; L. 0ᵐ29.

MURILLO (Copie d'après)

20 — L'Enfant Jésus.

H. 0ᵐ80; L. 0ᵐ60.

NOEL (JULES)

21 — Environs de Marseille.

H. 0ᵐ39; L. 0ᵐ54.

PELEZ (RAYMOND)

22 — Soubrette dans l'atelier.

H. 0ᵐ25; L. 0ᵐ19.

PINEL

23 — Vue d'Algérie.

(Provient de la vente après décès de l'artiste.

H. 0ᵐ31; L. 0ᵐ41.

REYNAUD (F.)

24 — Le Marchand de friture.

H. 0ᵐ33; L. 0ᵐ34.

RIBOT (T.)

25 — Vieille Femme lisant.

H. 0ᵐ35; L. 0ᵐ27.

ROCHEGROSSE (GEORGES)

26 — Andromaque.

Épisode de la guerre de Troie.

H. 0ᵐ46; L. 0ᵐ38.

ROYBET (F.)

27 — Page.

H. 1ᵐ66; L. 1ᵐ38.

SAINTIN (H.)

28 — Pommiers en fleurs.

H. 0ᵐ40; L. 0ᵐ53

SAME

29 — Nature morte.

H. 0ᵐ27; L. 0ᵐ21.

SCHULER (F.)

30 — Portrait de l'acteur Laferrière.

H. 0ᵐ41; L. 0ᵐ31.

SEGÉ

31 — Pins de Plidhéliac (Côtes-du-Nord).

H. 0ᵐ30; L. 0ᵐ20

THYS (Gaston)

32 — Femme (vue de dos).

H. 0ᵐ52; L. 0ᵐ30.

TOULMOUCHE

33 — Femme penchée.

H. 0ᵐ24; L. 0ᵐ19.

TOURNEMINE

34 — Paysage.

H. 0ᵐ17; L. 0ᵐ27.

TROY (DE)

35 — Déesse.

H. 0^m54; L. 0^m45

VANDAEL

36 — Fleurs.

H. 0^m87; L. 0^m71.

VINCELET

37 — Fleurs.

H. 0^m27; L. 0^m35.

VOLLON

38 — Une Ferme.

H. 0^m38; L. 0^m48

XYDIAS

39 — Apollon.

H. 0^m26; L. 0^m46

40 — Océanides.

H. 0^m26; L. 0^m46.

YON (Edmond)

41 — Bords de Rivière.

H. 0^m23; L. 0^m35.

ÉCOLE FRANÇAISE

42 — Paysage d'Italie.

H. 0^m34; L. 0^m25.

ÉCOLE MODERNE

43 — Paysage.

H. 0ᵐ14; L. 0ᵐ20.

44 — Tête de jeune italien.

H. 0ᵐ26; L. 0ᵐ22.

45 — Galerie d'Apollon au Louvre.

H. 0ᵐ25; L. 0ᵐ37.

46 — Faisan et Lapin.

Nature morte.

H. 0ᵐ81 ; L. 0ᵐ60.

47 — Perdrix.

Nature morte.

H. 0ᵐ61 ; L. 0ᵐ46.

AQUARELLES ET DESSINS

BELLY (Léon)

48 — Femme arabe.

H. 0ᵐ45; L. 0ᵐ26.

BOGGS

49 — Marine.

Aquarelle.

H. 0ᵐ29; L. 0ᵐ21.

BONNIN (F.)

50 — Escalier dans un cloître.

Aquarelle.

H. 0^m41; L. 0^m31.

DURIO

51 — La Bonne prise.

Aquarelle.

H. 0^m35; L. 0^m40.

DORÉ (Gustave)

52 — Épisode de la vie d'Amadis.

H. 0^m80; L. 0^m60.

DELACROIX (Eug.)

53 — Projet de décoration.

H. 0^m18; L. 0^m35.

54 — Projet de décoration.

H. 0^m18; L. 0^m55.

55 — Projet de décoration.

H. 0^m15; L. 0^m42.

56 — Projet de décoration.

H. 0^m18; H. 0^m55.

57 — Portrait de Femme.

Aquarelle.

H. 0^m22; L. 0^m18.

FLAMENG (François)

58 — Moine et Guerrier.

H. 0ᵐ20; L. 0ᵐ16.

59 — L'Explication pendant le repas.

H. 0ᵐ20; L. 0ᵐ16.

60 — Promenade sur le lac.

H. 0ᵐ20; L. 0ᵐ16.

61 — « Les chevaux sont prêts. »

H. 0ᵐ20; L. 0ᵐ22.

62 — Les Recommandations.

H. 0ᵐ23; L. 0ᵐ16.

63 — La Dame blanche d'Avenel.

H. 0ᵐ23; L. 0ᵐ16.

HILLEMACHER

64 — Tête d'Italienne.

H. 0ᵐ17; L. 0ᵐ14.

65 — Tête d'Enfant.

H. 0ᵐ17; L. 0ᵐ14.

ISABEY (Eug.)

66 — Cavaliers Henri II sur une grève.

H. 0ᵐ28; L. 0ᵐ38

JONGKIND

67 — Vue de Hollande.

H. 0^{m}14; L. 0^{m}21

PRUDHON

68 — Académie.

H. 0^{m}59; L. 0^{m}30.

ROYBET

69 — Seigneur jouant de la guitare.

Mine de plomb.

H. 0^{m}27; L. 0^{m}16.

70 — La Chaste Suzanne.

Encre de Chine.

H. 0^{m}30; L. 0^{m}22.

WACHSMOUTH.

71 — Méphisto.

72 — Allégorie.

73 — Sous ce numéro seront vendus des Gravures en lots, Photographies et objets omis au catalogue.

CURIOSITÉS — OBJETS D'ART

PORCELAINES

74 — Potiche en vieux Chine, décorée en émaux de couleurs.

75 — Deux Vases balustres en porcelaine du Japon, décor bleu.

76 — Bouteille en porcelaine de Chine craquelée, fond gris, décor bleu.

77 — Deux petites Potiches en vieux Japon et une Potiche en vieux Chine.

78 — Deux grands Plats en porcelaine du Japon, décor bleu.

79 — Plat en vieux Japon, décor bleu, rouge et or.

80 — Deux Plats ovales en vieux Japon.

81 — Deux Cornets en porcelaine de l'Inde.

82 — Deux Flambeaux en vieux Japon et une Coupe en vieux Chine, montures en bronze.

83 — Deux Tasses à café et leurs Soucoupes en vieux Saxe, décorées de fleurs.

84 — Tasses en vieux Saxe, à sujets en camaïeu bleu.

85 — Lot de Tasses et de Soucoupes en vieux Saxe et Frankenthal, un Pot à crème, etc.

86 — Bols, Sucriers, Tasses en porcelaine décorée.

87 — Plateau en émail de Chine.

88 — Groupe en Saxe moderne : l'Enlèvement de Déjanire.

89 — Figurine en biscuit.

90 — Statuette en porcelaine : Nymphe poursuivie.

91 — Groupe en porcelaine : Amphitrite :

92 — Saint Jean, porcelaine blanche.

93 — Lettré chinois, grès émaillé.

94 — Deux Vases à piédouche en porcelaine genre Sèvres, gros bleu, à médaillons de paysages et figures. Signés G. LECLERC.

95 — Deux Bouteilles en porcelaine de Sèvres moderne, gros bleu et or.

96 — Deux Tasses avec Soucoupes en porcelaine décorées gros bleu, genre Sèvres.

97 — Tasse droite en porcelaine dure de Sèvres.

98 — Vingt Assiettes en ancienne porcelaine de Chine, décor de bambou et d'oiseaux, et trois Plats de décor analogue.

99 — Cinq Plats de décors variés en porcelaine de
Chine.

100 — Une Gourde en porcelaine de Chine.

101 — Cabaret en porcelaine de Chine de la Compagnie des Indes.

102 — Tasses et Soucoupes en porcelaine de Chine
ancienne.

103 — Flacons et Verres à liqueur en verrerie
gravée ancienne.

104 — Une Tasse et Soucoupe en verre de Venise
agatisé.

105 — Deux Statuettes chinoises sur socles en
porcelaine décorée.

106 — Trois Plats en faïence de Deck décorés de
fleurs.

107 — Cinq Corbeilles en porcelaine anglaise à
décor bleu.

108 — Huit Plats longs en ancienne porcelaine
de la Compagnie des Indes, à décor bleu.

FAIENCES

109 — Deux paires de Cornets en ancienne faïence de Castel-Durante, à médaillons de figures.

110 — Cinq Pièces en faïence : trois porte-huiliers dont un de Strasbourg; une cruche en faïence allemande et un vase à couvercle en faïence de Nevers.

111 — Deux Vases ovoïdes à piédouche et à anses têtes de béliers, en faïence avec deux supports appliqués. décorés genre Marseille.

112 — Neuf Pièces : plats divers en faïence italienne.

113 — Plaque rectangulaire en faïence de Castelli.

114 — Assiette en faïence de Rouen, décor chinois.

115 — Deux Corbeilles en faïence de Strasbourg.

116 — Deux Assiettes en faïence de Castelli, à paysage.

117 — Grand Plat en faïence de Nevers, décor bleu.

118 — Deux Porte-Bouquets, craquelés.

119 — Sous ce numéro il sera vendu diverses faïences en lots.

BRONZES ET OBJETS DIVERS

120 — Statuette de *Diane,* d'après Houdon, bronze argenté.

121 — Statuette de la *Vénus de Milo,* bronze de Susse.

122 — Statuette de baigneuse, bronze d'après Allegrain.

123 — Statuette d'amazone, en bronze.

124 — Statuette de *Diane de Gabies,* bronze.

125 — Statuette d'*Hélène,* bronze.

126 — Bas-relief : le *Christ* à la colonne.

127 — Bas-relief ovale en bronze du xviie siècle, représentant *Saint Jean enfant.*

128 — Deux petites statuettes : *Hippomène* et *Atalante,* bronze de Barbedienne.

129 — Coupe en cuivre galvanisé et argenté.

130 — Vase à couvercle en bronze, avec sujet en bas-relief.

131 — Petit Mortier avec pilon, en bronze ancien.

132 — Deux petits Vases en émail cloisonné, avec montures en bronze.

133 — Figurine de faune accroupi, et un porte-allumettes figure de chiffonnière en bronze.

134 — Deux Statuettes de danseurs napolitains, bronze DELAFONTAINE, d'après DURET.

135 — Deux Flambeaux Louis XIV, en cuivre doré.

136 — Deux Statuettes de nymphes dansant, en bronze, d'après CLODION.

137 — Deux petits Vases balustres, en bronze du Japon.

138 — Deux autres Vases en bronze du Japon.

139 — Deux Flambeaux bronze du Japon.

140 — Jardinière oblongue en bronze japonais.

141 — Une Coupe ronde, à deux anses, bronze japonais, une Gourde et un petit Brûle-Parfums bronze du Japon.

142 — Diverses Figurines en bronze, médaillons, miniatures, poignards, ivoires, etc.

CUIVRES

143 — Lampe de suspension Louis XIII, en cuivre jaune, ornée de trois cariatides; elle est disposée pour l'éclairage électrique.

144 — Trois Plats de dimensions variées, en cuivre jaune repoussé.

ÉTAIN

145 — Aiguière artistique en étain de Velson, avec figures en relief.

146 — Écuelle avec couvercle en étain à ornements rocailles.

TERRE CUITE

147 — Groupe en terre cuite : Hercule.

148 — Statuette en terre cuite : La Poésie.

149 — Pendule Louis XIII, en bois de placage ornée de bronzes.

150 — Coffret en os gravé à sujets travaux d'Hercule.

151 — Un petit Cornet en émail cloisonné de Chine.

152 — Six petits Gobelets à liqueurs, en argent.

153 — Six Zarfs ou Porte-Tasses argentés.

15+ — Bloc en Malachite.

155 — Objets de vitrine. Miniatures.

156 — Deux petits Groupes en bronze à patine
brune : Les Chevaux de Marly d'après
Coustou.

157 — Brasero en bronze du Japon.

158 — Marmite ancienne en métal de cloche.

159 — Cave à liqueurs Louis XVI, en bois mar-
queté, avec ustensiles garnis d'argent.

160 — Petite Cave à liqueurs, avec six flacons
dans un étui en chagrin.

161 — Toilette Empire, en acajou ornée de
bronzes et surmontée d'un miroir.

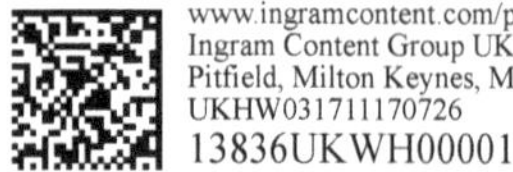
www.ingramcontent.com/pod-product-compliance
Ingram Content Group UK Ltd.
Pitfield, Milton Keynes, MK11 3LW, UK
UKHW031711170726
13836UKWH00001B/191

9 782329 546377